AF536142

# NEUE ARBEIT

**Spaß am Lesen Verlag**
www.spassamlesenverlag.de

Diese Ausgabe ist eine Bearbeitung des Buches
*Een nieuwe baan* von Johan van Caeneghem.



Autor: Johan van Caeneghem
Übersetzung: Frederike Zindler
Redaktion und Layout: Spaß am Lesen Verlag
Abbildung: Shutterstock



ISBN 978-3-947185-73-3

# NEUE ARBEIT

Johan van Caeneghem

# Inhalt

# Einkaufen

Samir guckt in den
Kühlschrank.
Kein Gemüse.
Kein Fleisch.

Er guckt in einen Schrank in
der Küche.
Kein Brot.
Und keine Marmelade.

Er muss einkaufen.

Samir nimmt eine Tasche.
Und geht los.

Samir geht in den
Supermarkt.
Es ist Samstag.
Es ist sehr voll.

Samir kauft Gemüse, Fleisch,
Brot und Marmelade.
Er kauft auch Couscous und
frische Minze.

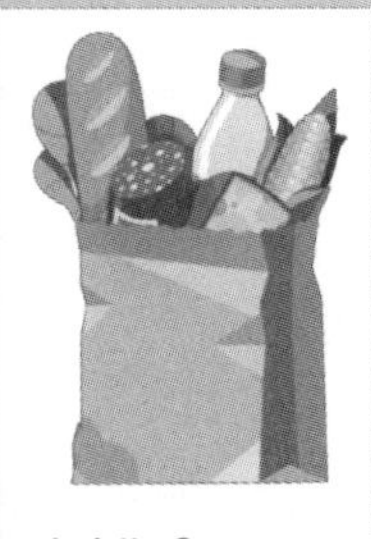

*Einkäufe*

# An der Kasse

*Dose Fisch*

Samir steht in der Schlange an der Kasse.
Die Schlange ist lang.
Dann ist er an der Reihe.

„Entschuldigung“, sagt eine Frau.
„Darf ich vor? Ich habe nur das hier.“

Sie zeigt auf eine Dose Fisch.
„Natürlich“, sagt Samir.

Die Frau geht vorbei.

Sie bezahlt und sagt zu
Samir: „Danke!“
„Gern geschehen“, sagt Samir.

Samir packt die Einkäufe in
seine Tasche.
Und bezahlt.

# Arbeit

Samir ist wieder zuhause.

Er isst ein Butterbrot.
Und trinkt Tee.

Dann macht er den Computer an.
Er sucht Arbeit.
Das ist nicht leicht.

Samir ist Fahrer.
Manchmal hat er Arbeit.
Aber nicht so oft.

Am Computer sieht er
eine Stelle bei einem
Paket-Zusteller.
Er ruft sofort an.

„Können Sie morgen
vorbeikommen?“, fragt
eine Frau.
„Ja, natürlich“, sagt Samir.

*Telefon*

# Die Nachbarin

*Blumen*

Samir geht in den Garten.
Der ist klein, aber schön.
Samir mag Blumen und Pflanzen.

Die Nachbarin ist auch im Garten.
Sie heißt Annie,
und sie ist 78 Jahre alt.

„Hallo, Annie!"
„Hallo, Samir!"

Samir hilft Annie oft im Garten.
Und manchmal kauft er für sie ein.

„Wie geht es dir?“, fragt Annie.
„Gut“, sagt Samir.
„Ich habe morgen einen Termin. Eine neue Stelle.“

„Toll“, sagt Annie. „Viel Erfolg!“

# Es tut mir leid

Am nächsten Tag.

Samir zieht ein frisches Hemd an.
Und eine neue Hose.
Er ist bereit für das Gespräch.

Er geht zu seinem Termin.
Und betritt das Gebäude.

Samir geht zum Empfang.
Dort sitzt ein Mann.

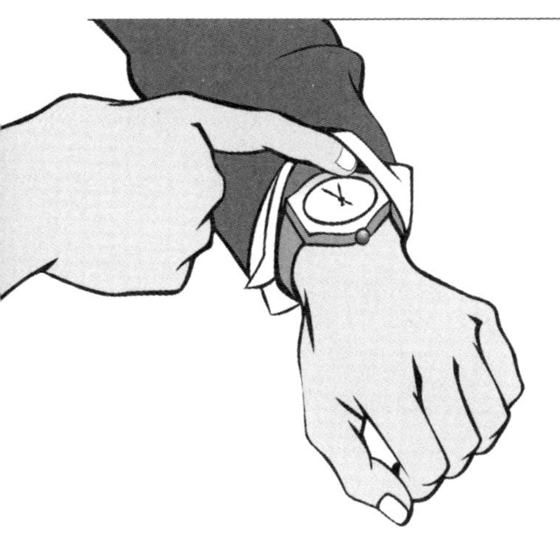

„Ich habe einen Termin“, sagt Samir.
„Wegen der Arbeit als Fahrer.“

Der Mann ruft jemanden an.
Dann sagt er: „Es tut mir leid.
Wir haben schon einen anderen Fahrer.“

„Das geht doch nicht …“, sagt Samir.
„Und mein Termin?“

„Es tut mir leid“, sagt der Mann.
„Aber Sie sind zu spät.“

„Ich bin überhaupt nicht zu spät!“, sagt Samir. „Ich bin pünktlich!“

# Wütend

*Straßenbahn*

Samir verlässt das Gebäude.
Er ist wütend.

Er geht in ein Café.
Und trinkt eine Tasse Kaffee.

Er schaut auf die Straße.
Dort warten Leute auf die
Straßenbahn.

Die Straßenbahn kommt.
Die Leute steigen ein.

Eine Frau vergisst ihre Tasche.
Samir läuft auf die Straße.

„Hallo, warten Sie!
Ihre Tasche!
Bitte sehr."
Er gibt ihr die Tasche.

„Hallo!", sagt die Frau.
„Sie schon wieder."
„Hallo!", sagt Samir.

Es ist die Frau aus dem Supermarkt.
Die Frau aus der Schlange an der Kasse.
Mit der Dose Fisch.

*Tasche*

„Nochmal danke!“
„Nochmal gern geschehen!“, sagt Samir.

# Nicht so gut

Samir kommt nach Hause.
Annie steht vor der Tür.

„Wie war dein Termin?“,
fragt Annie.
„Nicht so gut“, sagt Samir.
Und er erzählt seine
Geschichte.

„Das ist aber nicht nett“, sagt
Annie.
„Überhaupt nicht“, sagt
Samir.

# Marie

Am nächsten Tag guckt Samir wieder am Computer.
Er sieht wieder eine Stelle als Fahrer.

Er ruft an und kann sofort vorbeikommen.

Samir zieht das gleiche
schöne Hemd an.
Und die gleiche schöne Hose.

„Ich hoffe, dieses Mal klappt
es", denkt er.
Und er geht zu der Adresse.
Er betritt das Büro.
Dort sitzt eine Frau am Tisch.

„Hey! Sie schon wieder!"
„Ja, ich wieder!"

Samir kann es kaum glauben.
Es ist wieder die Frau aus
dem Supermarkt.

Sie heißt Marie.
„Ich bin Samir“, sagt Samir.

„Hallo, Samir. Setz dich.“
„Danke.“
„Bist du ein guter Fahrer, Samir?“
„Ja, natürlich.“

„Schön“, sagt Marie.

Samir kommt nach Hause.
Er klingelt bei Annie.

„Ich habe Arbeit!“, sagt er.
„Glückwunsch!“, sagt Annie.
„Komm rein. Ich mache uns einen Tee.“

Samir erzählt von der Arbeit.
Und von der Frau.

„Ich freue mich für dich“, sagt Annie.

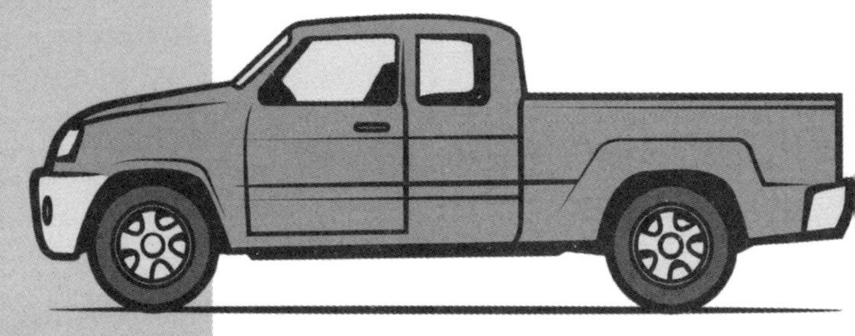

# Die neue Stelle

Es ist Montag. Samir tritt
seine neue Stelle an.

Er muss viel fahren.
Und er muss schnell sein.
Aber alles klappt.

Samir spricht gerne mit den
Kunden.
Und sie sind mit ihm
zufrieden.

Am Abend ist Samir müde.
Er ist froh, dass Annie für ihn
gekocht hat.

„Wann gehst du wieder für mich einkaufen?“, fragt Annie.

„Morgen“, sagt Samir.
„Dann kannst du meinen Lieferwagen sehen.“

Er geht früh schlafen.
Denn er muss früh wieder aufstehen.

# Annie! Annie!

*Klingeln*

Am nächsten Tag fährt Samir
nach der Arbeit zu Annie.
Er hat ihre Einkäufe dabei.

Er klingelt.
Aber Annie öffnet nicht.

Er klingelt nochmal.
Nichts passiert.

Vielleicht ist sie im Garten.
Und hört die Klingel nicht.

Samir geht ins Haus.
Und dann in seinen Garten.

„Annie! Bist du da?“
Keine Antwort.

Dann sieht er seine
Nachbarin.
Sie liegt im Garten, im Gras.

Samir springt über die Mauer.

„Annie! Annie! Was ist los?
Wach auf!“

Aber Annie sagt nichts.
Ihre Augen sind zu.

Samir ruft einen
Krankenwagen.
Der bringt Annie ins
Krankenhaus.

Samir hat Angst.
Wird Annie wieder gesund?

# Ruhe

Samir wartet lange im
Krankenhaus.
Dann kommt eine Ärztin zu
ihm.

„Ihre Nachbarin braucht
Ruhe.
Gehen Sie ruhig nach Hause“,
sagt sie.
„Morgen wissen wir mehr.
Dann rufe ich Sie an.“

# Nicht schlafen

Diese Nacht kann Samir nicht schlafen.

Am nächsten Tag geht er trotzdem zur Arbeit.
Er erzählt Marie alles.

„Wie schlimm für dich“, sagt Marie.
„Du kannst nach Hause, wenn du willst.“

„Nein, danke“, sagt Samir.
„Es geht schon.“

*Bett*

Samir fährt zu den Kunden.
Er ist freundlich, aber auch traurig.
Er macht sich Sorgen um Annie.

Dann klingelt das Telefon.
Es ist die Ärztin aus dem Krankenhaus.

„Ihre Nachbarin wird wieder ganz gesund."

„Zum Glück!", sagt Samir.
Und lächelt.

# WORT LESEND ZU A1 PLUS

***Neue Arbeit***
Johan van Caeneghem
ISBN 978-3-947185-73-3

***Gemeinsam essen***
Johan van Caeneghem
ISBN 978-3-947185-80-1

***Der Fußballer***
Johan van Caeneghem
ISBN 978-3-947185-78-8

***Nach Hause***
Johan van Caeneghem
ISBN 978-3-947185-75-7